Je m'appelle...

Alexandre le Grand

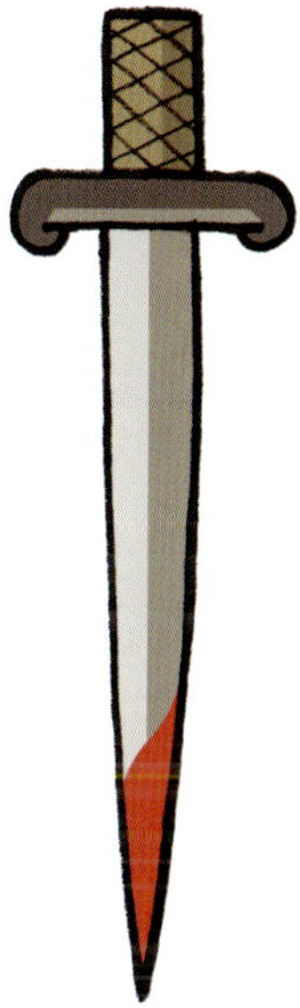

Parramón

Édition espagnole :
Alejandro Magno

Publié par Parramon Paidotribo, S.L., Badalona, Espagne

Édition française :

Traduction : Virginie Tricot
Coordination éditoriale : Belle Page

ISBN : 979-10-261-0045-4
Dépôt légal : mars 2014
Imprimé par Sagrafic

Je me présente...

Avez-vous déjà entendu parler d'Alexandrie ? C'est une ville située à l'embouchure du Nil, au nord de l'Égypte ; elle abrite la plus grande bibliothèque de l'Antiquité et un phare que les sages considèrent comme l'une des Sept Merveilles du monde. C'est à moi que la ville doit son nom ! J'y suis même enterré... On me considère comme le plus grand conquérant de l'histoire, car en plus de fonder cette cité magnifique, j'ai construit l'un des plus grands empires de la civilisation occidentale. Si l'on en croit la légende, je descendrais d'Hercule et d'Achille, il n'y a donc rien de surprenant à ce que je sois devenu un héros au même titre que mes ancêtres. Je n'ai pas vécu longtemps, mais suffisamment pour accomplir des hauts faits* qui semblent encore incroyables, comme pénétrer avec mon armée au cœur de l'Asie.

Je suis né à l'apogée de la Grèce antique, à l'époque des grands empires et des prestigieuses cités. En ce temps-là, chaque ville constitue un État mais c'est à Athènes, la plus importante de toutes, que se développent la philosophie, l'art et la politique (inventée par les Grecs, d'ailleurs). Cette période passionnante pose les bases de la civilisation occidentale telle que vous la connaissez aujourd'hui.

Ma patrie...

Mon pays natal, la Macédoine, se situe au nord de la péninsule grecque, près de Byzance, cette ville majestueuse que vous appelez aujourd'hui Istanbul, à l'intersection de l'Europe et de l'Asie. Terre de montagnes, de prairies et de rivières, c'est un lieu magnifique.

La Macédoine est légèrement à l'écart des plus grandes cités (c'est le nom qu'on donne aux villes). Elle est peuplée de bergers et de paysans. Les villes sont très petites et ressemblent davantage à des hameaux. Les progrès des cités ne sont pas encore arrivés chez nous, c'est pourquoi les Grecs nous considèrent comme un peuple sous-développé, ce jusqu'à l'arrivée de mon père, mais je vous en parlerai plus tard.

Je suis né au milieu du IVe siècle avant Jésus-Christ. La splendeur de la Grèce est à son comble à cette époque, mais des problèmes s'annoncent déjà. Depuis le Ve siècle avant Jésus-Christ, cette région occupe une place majeure en Europe et dans plusieurs parties du monde (même si nous ne les connaissons pas toutes). Des cités comme Athènes, Thèbes, Corinthe ou Sparte sont en train de poser les fondements d'une civilisation et d'une forme de pensée qui, aujourd'hui encore, influencent de nombreux peuples. Toutes les idées sur l'art, la politique, la science, l'histoire ou la philosophie que vous connaissez proviennent, en grande partie, des Grecs.

La voix de la raison

Les Grecs adorent débattre de tous les sujets et trouver des explications à tout. Ils ne prennent jamais de décision à la légère et, pour cette même raison, ils ont beaucoup de mal à tomber d'accord, puisque chaque cité pense être la seule à bien faire. La Grèce n'est pas un pays très étendu, mais ses montagnes et ses îles ne facilitent pas la communication. Les citoyens grecs sont néanmoins tous d'accord sur la nécessité de parler la même langue et de faire du commerce pour qu'aucune cité ne manque de rien. Ils partagent également tous la même religion, même si chaque territoire a son dieu ou sa déesse préféré (ce qui peut aller jusqu'à entraîner des guerres).

C'est peut-être la concurrence entre cette multitude de petites cités qui a donné naissance à la Grande Grèce, et qui a permis de produire une telle quantité de savoir dans autant de domaines. Le peuple grec se pose toujours des questions auxquelles personne n'a jamais eu la curiosité de réfléchir. De plus, à la différence d'autres civilisations – anciennes ou futures –, ils refusent de croire que certains événements ne sont que le fruit de la volonté divine. Ils cherchent toujours une explication logique et, souvent, ils la trouvent !

Athènes est sans doute la cité qui symbolise le mieux cette pensée rationnelle. Sous le gouvernement du grand Périclès à partir de 467 avant Jésus-Christ, la culture athénienne atteint son point culminant avec, notamment, la construction de grands monuments qui feront de cette ville la capitale des arts et de la politique. Athènes deviendra également prospère grâce au commerce.

La crise des cités grecques

Le développement des cités est étroitement lié à la passion du peuple grec pour les débats d'idées. Ce goût pour les discussions animées l'a souvent mené jusqu'à la guerre. Certaines villes s'allient à d'autres pour contrôler un territoire, et cela se termine par des combats sanglants... Les deux cités principales de l'époque, Athènes et Sparte, sont presque toujours en guerre l'une contre l'autre.

Athènes représente les valeurs grecques classiques : la démocratie (limitée), la créativité, l'improvisation et l'originalité. Sparte, en revanche, est habitée par des descendants des Doriens, un peuple d'Europe centrale très différent des Athéniens : leur société est très disciplinée et imprégnée d'un esprit militaire. Rien n'est laissé au hasard, même pas les naissances, puisque seuls les enfants les plus robustes sont autorisés à vivre pour garantir une « race forte ». De quoi faire froid dans le dos, n'est-ce pas ?

Ces luttes continuelles coûtent beaucoup d'argent et, surtout, déciment les cités, qui peu à peu déclinent. Au début du IVe siècle avant Jésus-Christ, ces grandes villes qui ont fait la renommée de la Grèce depuis des centaines d'années perdent de leur attrait. Les gouvernements sont très affaiblis, ainsi la démocratie instaurée dans des cités telles qu'Athènes est remise en question par les habitants eux-mêmes.

Le prince Alexandre de Macédoine

C'est dans ce contexte historique que je suis né, à Pella, la capitale de la Macédoine, en 356 avant Jésus-Christ. On dit que ma mère, la princesse du royaume d'Épire (l'un des territoires grecs voisins de la Macédoine), a pour ancêtre le légendaire Achille. Vous connaissez certainement ce fameux héros qui avait un talon très fragile... Mais c'est une autre histoire !

Pendant ma jeunesse, j'ai étudié auprès des meilleurs maîtres. À seulement quatorze ans, je suis parti chez Aristote, l'un des plus grands philosophes de tous les temps. C'est lui qui m'a enseigné les principes de la philosophie grecque, qui m'a initié aux arts et aux sciences. C'est lui qui m'a fait aimer la littérature, ainsi que la civilisation grecque en général. Aristote m'a offert un livre que j'ai depuis toujours avec moi : l'*Iliade*, un merveilleux récit du grand poète Homère qui raconte la guerre entre les Grecs et les Troyens pour l'amour d'une princesse nommée Hélène. Je ne sais pas si c'est parce que Achille (mon ancêtre) joue un grand rôle dans cette épopée, en tout cas je suis toujours bouleversé quand je lis cette histoire...

Mon père, Philippe II de Macédoine

Mon père était le roi de la Macédoine ; il était très aimé de son peuple. D'ailleurs, beaucoup ont cru que je ne deviendrais jamais un grand monarque comme lui (pourtant j'y suis parvenu haut la main...). Mon père a étudié à Thèbes dans sa jeunesse. Cette ville était la plus puissante de Grèce grâce à son armée, la Phalange, formée par le grand général Épaminondas. Ce séjour lui a permis d'apprendre de nombreuses tactiques militaires qu'il a pu utiliser à son retour en Macédoine. En 359 avant Jésus-Christ, à seulement vingt-cinq ans, Philippe II monte sur le trône et commence l'expansion de la Macédoine, qui deviendra plus tard le territoire le plus important de Grèce.

Il a conquis les provinces voisines, jusqu'aux grandes villes du sud de la Grèce. Mon père sait montrer son autorité par la force mais il fait également preuve d'une grande diplomatie*. Cette faculté à négocier et à connaître les intérêts de ses ennemis l'a beaucoup aidé, dans cette région où l'art de convaincre est la marque des grands chefs.

L'une des plus grandes réussites de mon père reste quand même son armée, inspirée de la Phalange thébaine formée par Épaminondas. Il est quasiment impossible de prendre d'assaut ses troupes parfaitement alignées, protégées par de grands boucliers et armées de lances de presque 5 mètres de long (qu'on appelle des sarisses).

* Les mots suivis d'un astérisque sont définis dans le lexique p. 64.

À côté de ces soldats invincibles qui avancent tel un énorme hérisson, mon père dispose d'une cavalerie de nobles macédoniens, entraînés ensemble depuis leur plus jeune âge. À cela s'ajoute la cavalerie de Thessalie (une région également dominée par mon père) réputée pour l'adresse de ses chevaliers.

Mon heure de gloire arrive

En tant que prince de Macédoine, je participe depuis mon enfance aux campagnes militaires de mon père. Je ne m'entends pas très bien avec lui, mais j'apprends beaucoup à ses côtés, que ce soit pour commander les armées ou pour négocier avec les adversaires.

À mes 18 ans, nos troupes gagnent la bataille de Chéronée, près de Thèbes, contre plusieurs cités grecques qui s'étaient alliées.

C'est une grande victoire, car nous étions bien moins nombreux que nos ennemis. Ce succès assoit le pouvoir de la Macédoine en Grèce et en signe de paix, mon père m'envoie à Athènes comme ambassadeur de mon peuple.

Après ce triomphe, mon père commence la conquête de l'Empire perse, qui menace les Grecs depuis des siècles. Il réussit à unir le peuple grec pour une même cause : c'est une grande première ! Pourtant, en 336 avant Jésus-Christ, soit 2 ans après la bataille de Chéronée, mon père est assassiné lors des noces d'Eurydice (fille de Cassandre) et de Ptolémée, qui deviendra par la suite l'un de mes généraux. Il pourrait s'agir d'un acte de vengeance commis par un courtisan du nom de Pausanias, mais les raisons de ce crime n'ont jamais vraiment été élucidées. À la suite de la mort de mon père, je deviens donc à vingt ans Alexandre, roi de Macédoine.

Les premiers pas d'un roi

Ils ne sont pas nombreux à croire que je serai un roi aussi compétent que mon père, et je peux vous dire que j'en ai surpris plus d'un ! J'ai réussi dans ma vie ce que personne avant moi n'avait accompli : combattre les Perses sur leur propre territoire, tout en créant le plus grand empire de tous les temps. Pas mal, non ?

Ma première tâche est de consolider mon pouvoir en Grèce en tant que roi, d'éliminer tout rival potentiel et de faire face à la résistance de certaines villes face à la Macédoine. Il est important d'en finir avec les luttes internes, ce qui n'est pas facile. Pour y parvenir, je décide d'employer la manière forte et de combattre sans pitié les rebelles.

Cette brutalité me permet de prouver aux grandes cités comme Thèbes que, malgré mon jeune âge, je suis un souverain déterminé et intransigeant, mais aussi que je ne laisserai personne prendre ma place ! À Thèbes suite aux combats, la ville est en ruine : seuls les temples et la maison de Pindare – que j'ai épargnés car j'aime beaucoup ce poète thébain – sont encore debout.

Après plusieurs échauffourées* et de nombreuses négociations avec les gouverneurs des différentes cités grecques, nous sommes parvenus à un accord presque général. Parfois, la diplomatie que mon père m'a enseignée suffit à établir la paix. Seule la ville de Sparte continue à me résister, mais elle est tellement éloignée qu'elle ne représente aucun risque pour mon royaume.

À cette époque, les leçons de philosophie de mon maître Aristote me sont toutes très utiles, car elles me permettent de combiner avec succès la force et le dialogue.

Tout au long de ma vie, j'ai admiré les grands penseurs. Un jour, j'ai rencontré le célèbre philosophe Diogène, réputé pour son manque total d'intérêt pour l'argent et le pouvoir. Il m'a parlé d'une façon qui m'a beaucoup marqué... Voici ce qu'il s'est passé : alors que j'étais en visite à Corinthe (en Grèce), je suis allé le saluer. Il était en train de prendre le soleil. Quand je lui ai demandé de quoi il avait besoin, il m'a répondu directement :

– Ôte-toi de mon soleil !

Normalement, jamais personne n'ose donner des ordres au grand roi Alexandre ! J'ai été très impressionné et très admiratif devant cette indépendance d'esprit.

Un voyage bien préparé

Après avoir fait le ménage à l'intérieur du pays, il est temps de penser à ma grande expédition contre l'Empire perse ; un voyage qui va m'emmener au-delà de mes rêves les plus fous. Il faut bien se préparer et tout planifier avant de conquérir le territoire des Perses. Je rassemble toutes les informations possibles sur la population et la géographie de cet empire, en questionnant mes généraux, des historiens, des voyageurs et chaque personne qui a approché de près ou de loin les Perses. Maintenant que je connais bien mes ennemis, je sais que je vais pouvoir les surprendre ! Je demande à ce que des bématistes – sortes de géomètres de mon époque – nous accompagnent : ils joueront un rôle très important dans la réussite des opérations. Grâce à ces arpenteurs qui

calculent les distances parcourues, je sais à tout moment où se trouve mon armée. Ce système est bien plus fiable que les cartes dont nous disposons.

Cette préparation avant l'expédition est essentielle, car l'Empire perse est l'un des plus puissants, à tous les niveaux, et s'attaquer à lui n'est pas une mince affaire. Son armée compte des centaines de milliers de soldats, dont les fameux « Immortels », ce corps d'élite* constitué de 10 000 combattants, garde personnelle du roi Darius III. Proportionnellement, mon armée composée de 25 000 soldats compte seulement 1 Macédonien contre 20 Perses.

Le grand Empire perse

L'Empire perse, aussi appelé l'Empire achéménide, règne sur une grande partie de l'Asie, s'étendant des frontières occidentales actuelles de la Turquie, de l'Irak et de l'Iran, jusqu'à l'Himalaya et l'Inde. Sa capitale, Suse, est immense ; elle a été construite au VIe siècle avant Jésus-Christ, soit près de 200 ans avant ma naissance. Au Ve siècle déjà, cet empire était en guerre contre la Grèce, à une époque où les grandes cités comme Athènes étaient extrêmement puissantes.

Pendant les guerres entre les Perses et les Grecs, ces derniers ont décidé, contrairement à leur habitude, d'unir leurs forces. Cependant, les Perses se sont très bien rendu compte des luttes internes qui existaient entre les différentes cités grecques, et ils ont su en profiter. Au cours du Ve siècle avant Jésus-Christ, ils sont parvenus à contrôler la résistance athénienne en s'alliant à d'autres cités grecques, qui ont préféré se ranger du côté des envahisseurs plutôt que se soumettre aux exigences d'Athènes. On a appelé ces grands conflits les « guerres médiques », mais ce nom n'a pas beaucoup de sens car les historiens ont confondu les Perses avec les Mèdes (d'où l'adjectif « médique »). Malgré tout, le nom est resté.

Cette période est marquée par d'incessantes batailles entre les deux peuples. L'une des plus connues est celle de Marathon, remportée par l'armée grecque sous le commandement d'Athènes, et qui a permis de freiner l'invasion perse. Après la victoire, on a demandé au messager Philippidès de porter la bonne nouvelle aux Athéniens. Celui-ci est arrivé tellement épuisé par son voyage qu'il est mort juste après avoir transmis son message. C'est de là que vient le nom de la course que vous connaissez tous. Un marathon dure d'ailleurs 42 kilomètres, car c'est la distance qui sépare le lieu de la bataille de la ville d'Athènes.

J'arrive en Asie!

Plus de 150 ans après la victoire de Marathon, les Grecs craignent toujours d'être envahis par les Perses. Mais cela ne me fait pas peur ! J'ai seulement vingt-deux ans lorsque j'entreprends, en 334 avant Jésus-Christ, une expédition de près de 20 000 kilomètres. Je rêve de conquérir le monde, mais j'en paierai le prix fort, puisque jamais je ne pourrai revoir mon pays.

Juste après avoir traversé le détroit qui sépare l'Europe de l'Asie, je me dirige avec ma fidèle armée vers l'ancienne ville de Troie (que l'*Iliade* place au cœur de la guerre) pour rendre hommage à mon ancêtre Achille. C'est peu après que les ennuis commencent... Il y a d'abord la bataille sur les rives du fleuve Granique, contre des mercenaires grecs au service de l'Empire achéménide, commandés par l'un de mes plus grands rivaux, Memnon de Rhodes. Nous en sortons victorieux, car mon armée est bien plus puissante grâce à ma cavalerie et à la Phalange macédonienne que j'ai constituée.

L'année suivante, dans la ville de Gordion où a régné le fameux roi Midas qui transformait tout ce qu'il touchait en or, il se passe quelque chose dont on parlera longtemps, bien longtemps après ma mort... Il existe dans cette ville un nœud si compliqué qu'on raconte que quiconque réussira à le défaire deviendra le maître de l'Asie tout entière. Je suis, évidemment, très intéressé par la conquête de ce territoire, mais je n'ai pas de temps à perdre pour essayer de dénouer un bout de corde. Je décide donc de le trancher d'un coup d'épée et, voilà, la prophétie s'est réalisée !

La bataille d'Issos, première défaite du roi de Perse

Au début de l'expédition, la bataille du Granique et d'autres victoires plus modestes entretiennent le moral de mes troupes, qui sont peu sûres d'elles, et mettent en garde les Perses contre la force de notre armée. Nous avons, en effet, été capables d'envahir sans trop d'efforts la quasi-totalité de l'Asie mineure et de traverser les montagnes de Cilicie, au cœur même de l'Empire perse.

Le roi de Perse, Darius III, s'inquiète et décide d'employer les grands moyens pour mettre fin à notre conquête : il réunit la majeure partie de son armée à Issos, en 333 avant Jésus-Christ, au bord de la mer Méditerranée. Pourtant, là encore, rien ne résiste à la puissance de mes phalangistes et à ma stratégie de combat ! Malgré l'incroyable supériorité en nombre des Perses, je sais toujours trouver les points faibles de mes ennemis.

Cette grande victoire marque le début de mon règne. Non seulement je vaincs l'armée perse commandée par le grand Darius III lui-même, mais je m'empare aussi du trésor royal, précieusement gardé à Damas. Et je profite de la fuite précipitée des Perses pour capturer la famille de Darius III, en particulier sa mère, sa femme et sa fille. Ah ah !

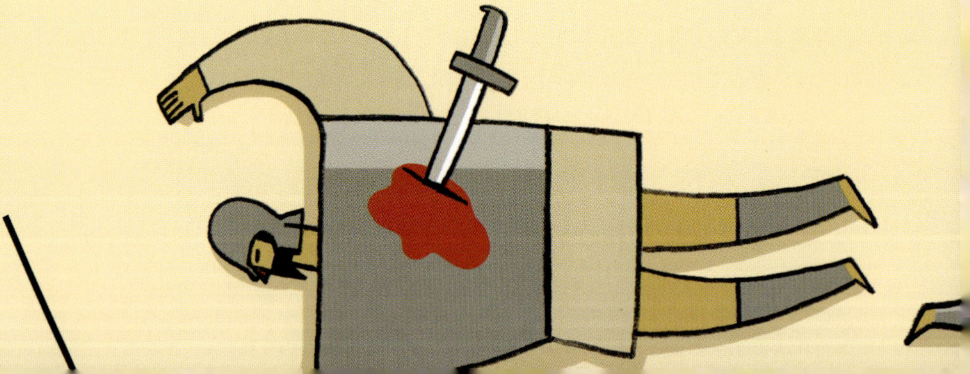

L'Égypte : la terre des Pharaons

Après avoir vaincu Darius III, plutôt que de continuer sur ma lancée et de conquérir le cœur de la Perse, je préfère m'attaquer aux villes de la côte phénicienne. Je sais, grâce à tout ce que j'ai étudié avant de partir, que cette région risque d'opposer une forte résistance, et qu'il faut donc la faire plier en priorité pour éviter tout problème ultérieur. L'autre raison qui me motive, c'est l'Égypte.

La conquête de certaines villes phéniciennes, comme Tyr et Gaza, nous donne beaucoup de fil à retordre, si bien que je traite les vaincus avec une extrême cruauté. Je veux éviter que d'autres villes suivent leur exemple et retardent mes plans de conquête de l'Asie.

Mon autre objectif est d'arriver jusqu'en Égypte, la terre des Pharaons, qui est tombée entre les mains des Perses. D'une part, la Grèce et l'Égypte ont toujours entretenu de bonnes relations, c'est pourquoi je me dois de libérer ce pays. D'autre part, en me faisant nommer Pharaon, j'affirme mon pouvoir au monde entier !

La naissance d'Alexandrie

L'une de mes premières missions en Égypte consiste à fonder une nouvelle ville que j'appelle « Alexandrie ». Personne, pas même moi, ne peut imaginer à quel point elle deviendra influente. J'ai dans l'idée de créer une ville où la civilisation millénaire du Nil et des Pharaons s'unira à celle de la Méditerranée, c'est pour cette raison que j'ai construit Alexandrie face à la mer, à l'embouchure du fleuve. Cette nouvelle ville devient rapidement le centre culturel le plus éminent du bassin méditerranéen, rivalisant ainsi avec Rome. Elle abrite en particulier la plus grande bibliothèque de l'Antiquité, détruite quelques siècles plus tard dans un terrible incendie.

L'édifice emblématique d'Alexandrie est son phare, construit sur l'îlot de Pharos (d'où vient le mot « phare ») pour avertir les navigateurs de la proximité de la côte. Au sommet de cette tour brûle en permanence un feu gigantesque que l'on peut voir à des kilomètres à la ronde. Cette construction, qui ne sera malheureusement pas conservée, est tellement spectaculaire qu'on la classe parmi les Sept Merveilles du monde antique.

Alexandrie est le théâtre d'histoires légendaires, comme celle de la belle reine Cléopâtre, qui n'hésita pas à user de ses charmes pour tenter de mener l'Empire romain à sa perte. Cette grande souveraine sera la dernière représentante de la dynastie ptolémaïque, descendante de Ptolémée, l'un de mes généraux dont je vous ai déjà parlé. C'est cette dynastie qui régnera en Égypte après ma mort.

L'oracle* de l'oasis de Siwa

Une fois que la ville dans laquelle je serai enterré est fondée, je décide d'aller consulter l'oracle de l'oasis de Siwa, au-delà du Nil. Dans ce temple dédié au dieu Amon (l'équivalent de Zeus chez les Égyptiens), les prêtres font appel aux dieux par le biais d'étranges cérémonies, à la manière de l'oracle de Delphes, où les Grecs viennent poser leurs questions au dieu Apollon. À l'époque, il est courant d'interroger les dieux sur l'issue d'une grande bataille ou d'un long voyage.

L'oracle de Siwa est très important en Égypte, mais aussi en Grèce. Il est donc parfait pour moi qui cherche à créer un empire incluant le meilleur de l'Orient et de l'Occident. Et son message est très clair : les dieux me confirment que je vais devenir Pharaon et que mon empire commence dès maintenant à prendrc formc.

Cependant, certains de mes généraux n'apprécient pas le mélange des cultures et des coutumes que je tente de développer. Une partie de mes troupes prend même la décision de rentrer en Grèce. D'accord, cela fait déjà 2 ans que nous sommes sur la route, mais mes plans commencent seulement à se réaliser ! Il nous reste tant de choses à accomplir. Je leur demande d'être patients, car le meilleur reste encore à venir.

La bataille décisive

Même si la défaite d'Issos a porté un coup à l'Empire perse, le roi Darius III est encore plein de ressources. De plus, maintenant qu'il connaît son ennemi, il peut mieux se préparer, et c'est ce qu'il fait en réunissant un immense contingent* de soldats venus de ses vastes terres d'Asie Centrale.

En octobre de l'an 331 avant Jésus-Christ, nous devons donc affronter l'une des armées les plus imposantes de l'histoire dans la grande plaine de Gaugamèles, près du fleuve Tigre (en Irak actuel). Darius III a décidé de stopper mes guerriers, et il compte le faire sur un champ de bataille ouvert où ses troupes, bien plus nombreuses, auront l'avantage. Il s'entoure également de cavaliers très puissants et de chars armés de lances, dans le but d'en finir une fois pour toutes avec la Phalange macédonienne.

L'avantage des Perses est évident, mais une fois encore, nous sortons victorieux de cette bataille. Je ne voudrais pas me vanter, cela dit c'est bien grâce à moi que nous gagnons, grâce à mes qualités évidentes de stratège et à mon observation attentive de l'ennemi.

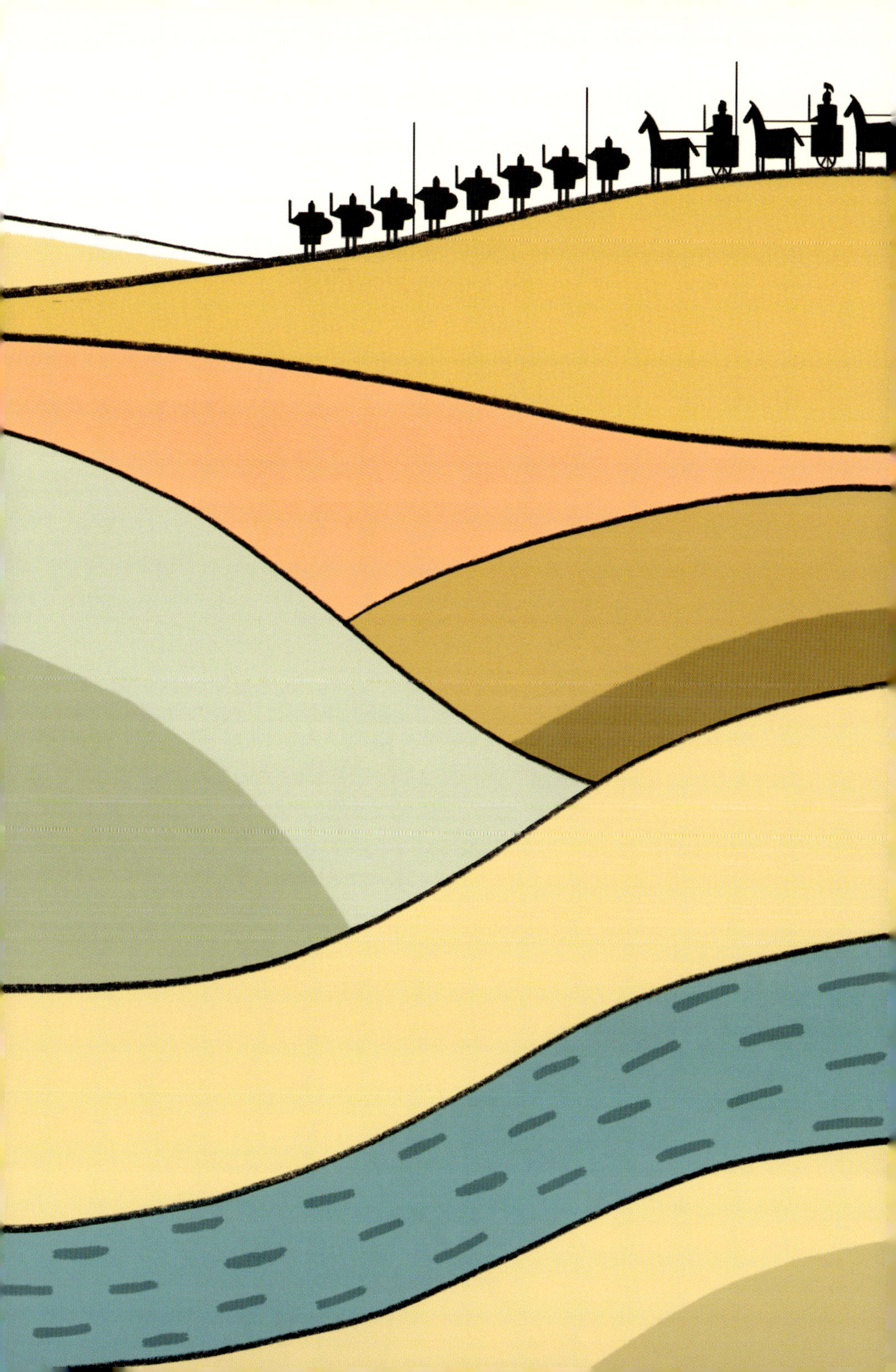

Sur mes ordres, nous portons le coup décisif en lançant une attaque frontale et dévastatrice au centre des rangs perses avant que ceux-ci n'aient le temps de prendre aucune initiative. L'armée perse est comme un colosse aux pieds d'argile : sa puissance repose uniquement sur son nombre impressionnant de soldats. Une fois sa ligne d'attaque détruite, le désordre s'installe. L'effroi de Darius est tel qu'il prend la fuite, ce qui permet à ma Phalange de venir définitivement à bout des troupes perses. C'était du tout cuit !

L'Empire perse est à mes pieds

On ne peut pas dire que ce fut simple, pourtant je suis enfin aux portes de l'Asie et j'ai battu les Perses. Il est temps de bâtir mon propre empire, mais avant cela il faut encore faire régner l'ordre et anéantir les petits foyers de résistance perses qui existent toujours. Hélas, mes troupes commencent à s'impatienter, tandis que nous nous éloignons toujours un peu plus de notre terre natale.

Nous nous dirigeons vers la première capitale perse que j'ai prise, la cité millénaire de Babylone. Ses habitants me reçoivent avec tous les honneurs et, pour leur montrer que je ne suis pas venu détruire, mais plutôt bâtir un nouvel empire, j'ordonne qu'on restaure le principal temple de la ville. J'en profite pour établir de bonnes relations avec les prêtres et la noblesse locale.

J'entre ensuite dans la grande Persépolis, la capitale religieuse de l'Empire achéménide… et j'y mets le feu ! Certains prétendent que j'ai pris cette décision radicale pour satisfaire le caprice d'une femme qui voulait me voir incendier la cité. Il ne faut pas croire tout ce que disent les gens, j'ai d'autres raisons bien pesées. Quatre ans après mon départ de Macédoine, c'est l'occasion pour moi de me venger une dernière fois des Perses, eux qui ont mis à sac* la Grèce et surtout Athènes – cette ville que j'admire particulièrement – au moment des guerres médiques il y a plus de 100 ans. Je veux également que ces flammes symbolisent la fin de l'Empire perse et le début d'une nouvelle ère, celle de l'empire d'Alexandre de Macédoine !

Trahi par les miens

En plus du danger que représentent mes ennemis, je suis toujours prudent pour éviter que l'un de mes proches ne tente de prendre ma place, celle l'empereur, celle du chef suprême. Pourtant, j'apprends que Parménion et son fils Philotas, mon ami d'enfance, conspirent contre moi. Quelle peine de savoir qu'ils veulent me trahir !

L'attitude de Philotas me met la puce à l'oreille, car il est de plus en plus distant et méprisant vis-à-vis de moi. Après l'avoir fait suivre, je découvre qu'il a manigancé un complot dans le but de m'assassiner pendant mon séjour en Égypte. Lors de son arrestation, il avoue que son père Parménion, grand général qui servait déjà sous les ordres de mon propre père, est complice. Je comprends alors que je dois me méfier de tout le monde.

Je deviens de plus en plus méfiant, au point qu'un jour, dans un accès de folie, je tue l'un de mes meilleurs amis ! Tout arrive très vite : au cours d'un dîner, Cleitos se vante de m'avoir sauvé la vie pendant l'une des premières batailles de notre expédition. Il est l'un de mes alliés les plus proches, et ce qu'il raconte est vrai, mais tandis qu'il parle, je sens mon orgueil prendre le dessus, je me rue sur lui et je le tue. Quand je me rends compte de ce que j'ai fait, je sanglote sur le cadavre de mon ami en regrettant ce moment de fureur passagère qui a tout gâché. Je ne suis plus un jeune homme naïf et innocent. Après tant d'années de batailles et d'éloignement, j'ai bien changé. Ce qui n'a pas changé, c'est que je sais que je dois malgré tout poursuivre mon rêve et continuer ma conquête.

Certains reviennent, moi je reste

Après avoir détruit Persépolis, mes troupes entrent dans Suse, la capitale politique de l'empire. Nous y raflons le reste du trésor royal avant de clamer haut et fort que nous en avons fini avec la conquête de l'Empire achéménide, qui avait persécuté la Grande Grèce pendant si longtemps. L'expédition grecque a donc atteint son objectif, mais les Macédoniens ont, quant à eux, de plus grandes ambitions. Quand nous arrivons à Ecbatane, j'ordonne aux soldats grecs de rentrer chez eux, mais je promets aux soldats

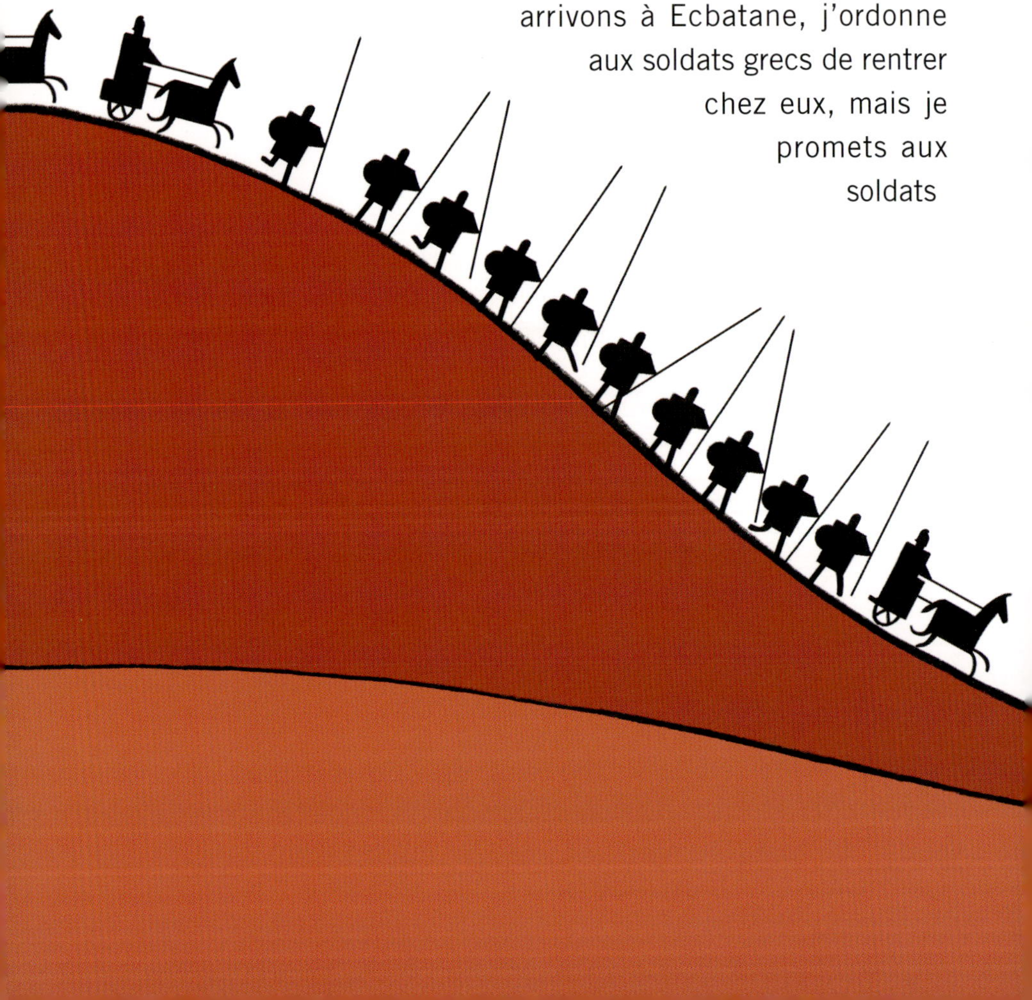

macédoniens de nouvelles victoires éclatantes sous mon commandement. Désormais, mon expédition se fera exclusivement au nom du nouvel empire et du puissant roi de Macédoine.

La suite des événements va être éprouvante pour tous, puisque nous pénétrons dans des territoires inconnus au climat rigoureux. De plus, certaines populations résistent avec acharnement, tandis que mon armée est fatiguée après 6 ans de lutte continue. Je force mes soldats à aller de l'avant, car c'est la seule façon de surprendre les derniers combattants de l'ancien Empire perse qui tenteraient encore de freiner notre progression. Leur résistance n'est plus organisée, surtout après l'assassinat de Darius par Bessos, l'un de ses propres sujets. Nos ennemis essaient à plusieurs reprises de nous attaquer par surprise ; ils cherchent à nous affaiblir progressivement. L'homme qui dirige la résistance dans la région de Bactriane n'est autre que Bessos. Après de nombreux combats, je réussis à vaincre ses forces et à venger la mort de Darius, que j'estime même s'il fut mon ennemi, car il a toutefois combattu de manière admirable et digne. En son honneur, je célèbre ses funérailles en grande pompe.

Le rocher Sogdien

La Sogdiane, cette région au nord des monts du Causase, est également difficile à dominer. Toutes les forteresses sont construites en haut de montagnes escarpées. La plus élevée d'entre elles est appelée « le rocher Sogdien ». Pour la conquérir, mes soldats doivent construire des ponts en corde afin de traverser les gorges et de passer au-dessus de ravins, avant d'escalader des falaises abruptes. Mais une fois encore, nous venons à bout de nos ennemis !

À l'issue de cette grande victoire qui met fin à la résistance des Sogdiens, une belle récompense m'attend : une femme du nom de Roxane... Nous nous marions en 327 avant Jésus-Christ et elle me donnera un fils (qui ne montera cependant jamais sur le trône). Cette union renforce mon alliance avec la partie orientale de mon nouvel empire, qui s'étend maintenant sur d'immenses territoires. En me rapprochant ainsi de l'Orient, je poursuis mon ambitieux objectif de réunir les terres grecques et asiatiques, mais cela n'est évidemment pas du goût de tous : les nobles macédoniens ainsi que les Grecs qui m'accompagnent commencent à en avoir assez de ma soif de puissance jamais étanchée.

L'Inde et mon cheval Bucéphale

Après avoir dévié mon expédition vers les terres inhospitalières du nord du continent, je me tourne vers le sud, et plus précisément vers l'Inde. La conquête de ce territoire est exactement ce dont j'ai besoin pour étendre ma suprématie*, mais elle ne sera pas aisée. Pour commencer, je dois réorganiser mes armées et les entraîner de nouveau en vue d'intenses batailles. Fidèle à ma stratégie de combiner force et diplomatie, j'ai également l'intention de gagner les faveurs de quelques souverains du nord pour faciliter mon entrée dans le sous-continent indien.

Au début, cela porte ses fruits, mais très vite, je suis confronté à un terrible rival : le roi Pôros. Outre la force surhumaine de cet homme, son armée de 200 éléphants me donne bien du souci. Les combats sont extrêmement violents, mais nous gagnons une fois de plus. Malheureusement, ce sera la dernière…

Pendant la bataille contre Pôros, mon fidèle cheval Bucéphale meurt. D'après la légende, je suis le seul à pouvoir monter ce cheval puissant et intelligent. Son unique défaut est d'avoir peur de son ombre, mais personne ne s'en doute. Je lui fais mes adieux en organisant une splendide cérémonie, et je fonde la ville de Bucéphalie en son honneur près de l'endroit où il a été enterré.

Le retour

Mes soldats n'en peuvent plus, après 8 ans d'expédition hors de Macédoine. Il leur semble que cette conquête n'en finira jamais, maintenant qu'ils sont devenus quasiment invincibles. Nous arrivons au point le plus oriental de notre voyage, près du grand fleuve Indus, en 326 avant Jésus-Christ. Je décide alors que nous n'irons pas plus loin et, pour que les futures générations se souviennent jusqu'où Alexandre le Grand de Macédoine est allé, je fais poser douze piliers à cet endroit.

À partir de cette date, nous rebroussons chemin, en veillant à ne pas passer par les mêmes routes, pour continuer notre exploration d'une autre façon. Arrivé dans la ville de Patala, au sud de l'Indus, j'organise le retour en divisant mon armée en trois groupes : mon objectif est de découvrir de nouvelles régions et de consolider ma domination dans tous les territoires qui sont à présent les miens.

La première armée, sous le commandement du général Cratère, reprend le chemin que nous avions pris à l'aller. La deuxième armée, conduite par Néarque, revient par la mer à travers le Golfe persique, sur des bateaux dont j'ai spécialement ordonné la construction. Je mène la troisième armée, en suivant la côte pour traverser le redoutable désert de Gédrosie (qui a déjà coûté la vie à plusieurs grands expéditeurs). C'est la route la plus difficile, mais je n'ai plus peur de rien, je n'aime que les défis.

Les trois armées parviennent à se rejoindre, et c'est l'occasion d'organiser une grande fête pour célébrer la fin de notre campagne en Asie. En seulement 9 ans, nous avons parcouru des milliers de kilomètres, une distance incroyable pour l'époque. Nous avons triomphé. Mais pour moi… le chemin n'est pas terminé ! J'ai déjà prévu la suite de ma conquête du monde, malheureusement la mort vient m'empêcher de réaliser mes plans.

Les grandes noces de Suse

Une fois de retour à Suse (la capitale perse), les célébrations continuent. Afin d'unir symboliquement mon pays d'origine à mes nouvelles conquêtes, j'ordonne le mariage de dizaines de fidèles soldats macédoniens avec des femmes de la noblesse locale. J'épouse moi-même Stateira, la fille du roi Darius III, qui devient donc ma seconde femme.

Mes troupes sont très fatiguées, et elles n'acceptent pas que mon empire soit de plus en plus marqué par l'Orient et influencé par sa culture. Elles me le font bientôt sentir : en 324 avant Jésus-Christ, à Opis, mes soldats se mutinent* et menacent de m'abandonner. Cette situation est très délicate à gérer. Je dois faire face et leur rappeler ce que nous avons fait pour la Macédoine, moi et mon père. Je leur raconte comment ce dernier, le roi Philippe II, a transformé une terre de bergers et de paysans désorganisés en un peuple fier et puissant grâce à nos conquêtes. Mon discours est suffisamment convaincant, mais je dois vous avouer qu'après des années de batailles et de voyages éprouvants, mon pouvoir commence à décliner, tout comme mes forces... Pour couronner le tout, la mort de mon meilleur ami et fidèle compagnon Héphaistion, la même année, m'accable. Je suis très affecté par sa disparition, car il a toujours été à mes côtés.

Mon projet inachevé

Malgré la situation, je ne peux pas me résigner à abandonner mes projets. J'ai en tête la conquête de la péninsule arabique, qui me permettrait de contrôler le commerce très rentable des épices entre l'Asie et la Méditerranée. Fidèle à mon habitude, j'ai déjà envoyé des explorateurs afin d'en savoir plus sur la géographie et les populations que je rencontrerai en chemin. En régnant sur cette immense péninsule, je pourrais contrôler la mer Rouge et le golfe Persique, et je raflerais aux Arabes toutes les marchandises qui passent par là...

J'ai également des projets à long terme, comme celui de combattre Rome, qui prend de l'importance, ou encore d'affronter les soldats carthaginois plus aguerris, en Afrique du Nord. En secret, je rêve d'arriver jusqu'aux fameuses colonnes d'Hercule, au sud de l'Ibérie (que vous appelez aujourd'hui l'Espagne), là où la Mare Nostrum, la mer Méditerranée, s'unit au Grand océan, l'Atlantique. À l'image de ma conquête de l'Orient sur les traces d'Achille, je veux marcher là où seul Hercule, cet autre célèbre héros, est parvenu.

Hélas, mon corps ne le supporte pas. Le 30 juin de l'an 323 avant Jésus-Christ, le grand Alexandre de Macédoine s'éteint dans la ville de Babylone à l'âge de trentre-trois ans, laissant derrière lui un gigantesque empire qui aurait dû s'étendre encore plus loin. J'ai ordonné que ma dépouille soit transportée à Alexandrie, la ville que j'ai fondée à l'embouchure du Nil, et c'est ainsi que cela se passe. Alexandrie devient ma demeure pour l'éternité.

À ma mort, il n'y a ni testament, ni descendance. Le fils que j'ai eu avec Roxane n'est pas encore né et mon demi-frère, Philippe III Arrhidée, qui doit me succéder, est incapable, psychologiquement, de gouverner.

La guerre des diadoques

Pendant que la Macédoine cherche un successeur pour occuper mon trône, mes généraux, qu'on appelle les « diadoques », décident de se partager l'empire selon un testament que j'ai prétendument rédigé juste avant de mourir. C'est faux et archifaux ! Jamais je n'aurais souhaité une telle chose, car je sais qu'une fois divisé, mon empire perdra toute sa valeur. En réalité, la seule chose que j'ai demandée sur mon lit de mort, c'est que l'on trouve le meilleur successeur qui soit, sans donner de nom.

Personne n'a vraiment compris mon rêve de créer un empire unissant l'Orient et l'Occident. C'est pourquoi tout le monde refuse que mon fils, celui de Roxane la princesse d'Orient, devienne mon successeur. Les diadoques se répartissent donc temporairement l'empire, mais cette solution tourne vite à la guerre sanglante, comme vous allez le voir, car chacun veut étendre son pouvoir.

Pour commencer, les diadoques se réunissent à Babylone, la ville où je suis mort, et décident de former une sorte de gouvernement afin de me succéder. Trois grands généraux contrôlent chacun une partie de l'empire : Perdiccas administre* l'Asie et défend l'idée d'un seul empire ; Cratère est chef des armées et du trésor impérial ; Antipater s'occupe depuis toujours du territoire grec tout en prenant aussi en charge les autres régions européennes qui font partie de mon empire. Bien entendu, les autres généraux ne tardent pas à demander une partie du butin : l'Égypte tombe ainsi aux mains de Ptolémée, Lysimaque devient roi de Thrace tandis qu'Antigone et Eumène se partagent l'Asie mineure.

Ils entrent rapidement en guerre les uns contre les autres, car leur soif de pouvoir n'a pas de limite. Ils s'allient, se trahissent, se combattent... Et quelques années seulement après ma disparition, la plupart des diadoques sont morts à cause de ces conflits, mon empire est quant à lui entièrement morcelé. Le seul qui survit et conserve sa part de territoire est Ptolémée. Avec son épouse Eurydice (c'est à leur noce que mon père Philippe II de Macédoine a été assassiné), ils sont à l'origine d'une dynastie de rois égyptiens qui régnera pendant 3 siècles, jusqu'à la mort de la fameuse Cléopâtre.

La confusion qui règne après mon décès permet à des villes d'Asie et de Grèce de récupérer un peu leur indépendance. Les Grecs ont toujours voulu que leurs cités soient autonomes, et ils trouvaient étrange de regrouper leurs territoires sous le contrôle d'un même roi. Athènes, qui veut rayonner de nouveau comme auparavant, ne tarde pas à inciter les autres villes à en finir avec l'Empire macédonien de Grèce.

Mais la cité athénienne ne retrouvera jamais sa splendeur d'autrefois. Elle n'est plus le centre du monde civilisé (ni la Grèce d'ailleurs). D'autres peuples sont sur le point de prendre la relève.

Mon empire, l'un des plus grands de l'histoire, a duré à peine quelques années, néanmoins les récits de mes conquêtes ont fait le tour du monde et sont passés de générations en générations jusqu'à vous, mes chers lecteurs. Ce n'est pas pour rien que, de mon vivant, je me suis toujours fait accompagner d'écrivains… Ils étaient là pour relater tous mes hauts faits. Cette renommée m'a suivi après ma mort, et s'est même transformée en vénération* de la part de certains historiens grecs et romains qui n'ont pas toujours expliqué les choses telles qu'elles se sont réellement passées – cela doit rester entre nous ! Avec un brin d'imagination, ils ont donné encore plus de prestige à mon personnage.

Jamais personne n'avait conquis autant de territoires en si peu de temps, c'est pourquoi on m'a surnommé « Alexandre le Grand ». Beaucoup m'ont aimé, beaucoup m'ont détesté aussi. À travers l'histoire, j'ai tantôt incarné le pouvoir autoritaire et l'excès de violence, tantôt la diplomatie et l'esprit d'unité.

Très vite après ma mort, de nombreux hommes ambitieux ont tenté de reproduire mes conquêtes. Dans une ville à l'ouest de la Grèce, par exemple, il se tramait déjà de grands projets. Les empereurs de la région qui, plus tard, se feront appeler « César », rêvaient de revivre mes exploits, et ils y sont presque parvenus en fondant le grand Empire romain. Cette ville de la péninsule italienne s'appelle justement Rome, mais c'est une autre histoire…

Années (avant J.-C.)	Vie d'Alexandre le Grand	Histoire
500-480		Le nord de la Grèce devient une province perse. Bataille de Marathon (490).
480-460		Toutes les cités grecques s'allient contre la Perse (477). Périclès dirige Athènes (467). Mort du général Thémistocle (460).
460-440		Mort du roi Alexandre Ier de Macédoine (451). À Rome, promulgation d'une loi pour protéger le peuple contre les abus des aristocrates (450).
440-420		Mort de Périclès (428). Début de la guerre du Péloponnèse entre Athènes et Sparte (431-404).
410-390		Capitulation d'Athènes et domination de Sparte (404-371). Cyrus le Jeune, aspirant au trône perse, attaque son roi (404).
390-370		Les Celtes mettent à sac Rome (390). Naissance de Philippe II, père d'Alexandre (382).
370-350	Naissance d'Alexandre (356), fils de Philippe II de Macédoine et d'Olympe d'Épire.	Philippe II monte sur le trône de Macédoine. Domination de Thèbes sur les autres villes (359).
350-340	Alexandre part étudier avec Aristote (342).	Paix temporaire entre la Macédoine et Athènes (346), puis reprise de la guerre (340).
340-330	Assassinat de Philippe II (336). Alexandre monte sur le trône (336). Il quitte la Macédoine. Bataille du Granique (334). Il affronte Darius III de Perse (333). Conquête de l'Égypte. Fondation d'Alexandrie (331). Destruction de Persépolis (330). Retour des troupes non macédoniennes (330).	Bataille de Chéronée. Consolidation de la domination macédonienne en Grèce (338). Darius III devient roi de Perse (335). Début de l'expansion de Rome au-delà de sa région (334).
330-320	Mort de Cleitos, ami d'Alexandre (328). Mariage avec Roxane (327). Bataille de l'Hydaspe. Début du retour (326). Mort de Héphaistion (324). Mort d'Alexandre à Babylone (323).	Première guerre des diadoques, les généraux d'Alexandre le Grand. Le grec devient la langue officielle dans toute la Grèce (321).

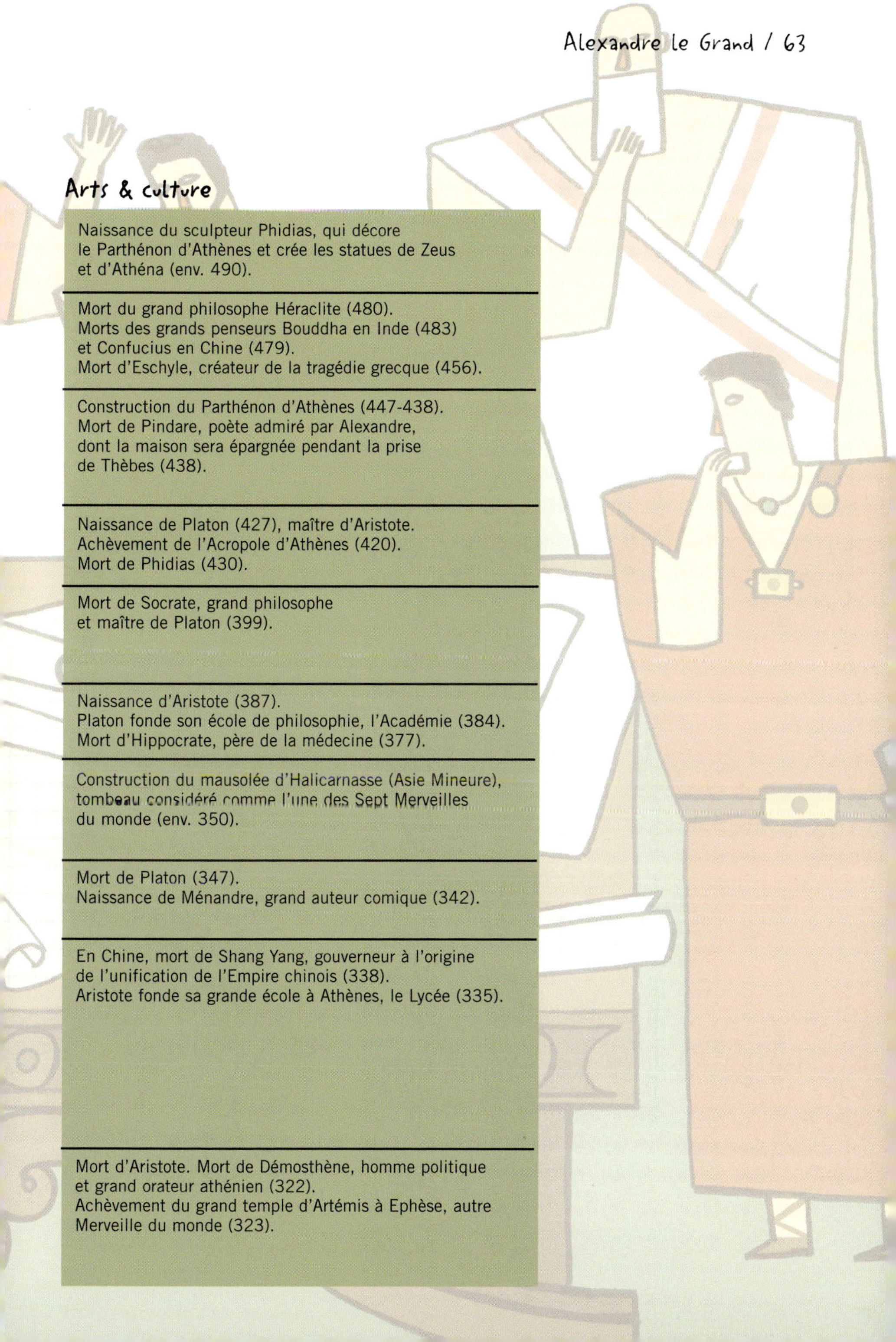

Arts & culture

Naissance du sculpteur Phidias, qui décore le Parthénon d'Athènes et crée les statues de Zeus et d'Athéna (env. 490).

Mort du grand philosophe Héraclite (480).
Morts des grands penseurs Bouddha en Inde (483) et Confucius en Chine (479).
Mort d'Eschyle, créateur de la tragédie grecque (456).

Construction du Parthénon d'Athènes (447-438).
Mort de Pindare, poète admiré par Alexandre, dont la maison sera épargnée pendant la prise de Thèbes (438).

Naissance de Platon (427), maître d'Aristote.
Achèvement de l'Acropole d'Athènes (420).
Mort de Phidias (430).

Mort de Socrate, grand philosophe et maître de Platon (399).

Naissance d'Aristote (387).
Platon fonde son école de philosophie, l'Académie (384).
Mort d'Hippocrate, père de la médecine (377).

Construction du mausolée d'Halicarnasse (Asie Mineure), tombeau considéré comme l'une des Sept Merveilles du monde (env. 350).

Mort de Platon (347).
Naissance de Ménandre, grand auteur comique (342).

En Chine, mort de Shang Yang, gouverneur à l'origine de l'unification de l'Empire chinois (338).
Aristote fonde sa grande école à Athènes, le Lycée (335).

Mort d'Aristote. Mort de Démosthène, homme politique et grand orateur athénien (322).
Achèvement du grand temple d'Artémis à Ephèse, autre Merveille du monde (323).

Lexique

Administrer
Administrer une région, c'est la gouverner, la gérer.

Corps d'élite
Section de l'armée rassemblant les meilleurs soldats.

Contingent
Ensemble de soldats.

Diplomatie
Finesse, tact quand on négocie une affaire ou des accords, quand on veut convaincre quelqu'un.

Échauffourée
Émeute, bagarre confuse.

Hauts faits
Actes héroïques.

Mettre à sac
Piller, ravager.

Mutiner (se)
Se révolter (en parlant de soldats).

Oracle
Sanctuaire réputé où l'on pose des questions à un dieu. Désigne aussi la réponse donnée par le dieu.

Suprématie
Supériorité.

Vénération
Le fait d'adorer une personne ou un dieu.